AF285144

PILGERWEISHEITEN

DIETER SCHNEIDER

PILGERWEISHEITEN

Motivation, Inspiration und weitere gute Gedanken.

Das Leben ist voller Fragen, denk mal drüber nach.

Ein Buch über Zielerreichung. Die häufigsten Hindernisse und Stolpersteine. Wie du es trotz Erschwernissen schaffen kannst das gesteckte Ziel zu erreichen. Wie du von deinem Wunschtraum ins Umsetzen kommst. Wie man Ziele definiert, visualisiert, aber auch wie man Ziele ggf. korrigiert und vor allem, wie du über die wichtigen Ziele im Leben nachdenken könntest. All das erfährst du in diesem Buch voll wertvoller Inspiration und praktischer Umsetzungs-Ideen.

...

Bibliografische Information der Deutschen Nationalbibliothek:

iii

Die Deutsche Nationalbibliothek verzeichnet diese Publikation in der Deutschen Nationalbibliografie; detaillierte bibliografische Daten sind im Internet über http://dnb.dnb.de abrufbar.

Herstellung & Verlag: BoD – Books on Demand, Norderstedt
ISBN: 978-3-7528-8900-0

Imprint: Independently published
(gute Gedanken - German Edition)
1. Auflage

covergestaltung: ©ds-books
Coverfoto: *silviarita on pixabay.com*

Widmung.

Für meine liebe Frau Katja, die stets hinter mir steht und mich unterstützt.

Danke.
Denn ohne deine Unterstützung,
Geduld und Liebe, wäre das
alles nie entstanden.

Mein Schatz - ich liebe Dich

INHALTSVERZEICHNIS:

Einführung

Seit einigen Jahren bin ich nun schon in einzelnen Etappen auf dem Jakobsweg unterwegs - quasi von der Haustüre bis nach Santiago de Compostela - Am Ziel sind es insgesamt mehr als 2500 km - zu Fuß...

Dieses Buch ist ein Ausschnitt aus dem jahrelang gesammelten Erfahrungsschatz und meiner Gedanken beim, oder rund ums Pilgern - Diese möchte ich jetzt mit den Menschen teilen, welche wie ich auf dem Weg zu ihrer Berufung sind - Es kann allerdings nur ein Ausschnitt oder Stückwerk meiner Gedanken und Erfahrungen abbilden - wer mehr darüber erfahren will kann sehr gerne mit mir Kontakt aufnehmen.

Mehr darüber, ganz am Ende auf der Autoren-Seite.

- - -

Dieses Buch ist all denen gewidmet, die, wie ich, auf dem Weg sind. Die vielleicht schon ihr Potential entdeckt haben, sich aber noch nicht trauen es anzupacken und zu leben. Oder solche, die Ihre Berufung entdecken wollen, um so zu leben, wie es von unserem Schöpfer in sie hineingelegt wurde.

Aber auch solche, die vielleicht das Ziel noch nicht genau kennen, aber ahnen, dass es etwas gibt, für das es sich lohnt den Rucksack zu packen, sich aber doch noch nicht trauen, aufzustehen, um ihr persönliches Ziel zu finden, es genau zu definieren, und sich dann auf den Weg zu machen ihren Traum zu realisieren.

Und alle diejenigen, die spüren, dass da noch mehr ist, als das was wir sehen können, dass da irgendwo etwas Großes ist, was noch in ihnen schlummert und nur darauf wartet, aufgeweckt zu werden. Dass sie Talente und Begabungen haben, welche aber bisher noch nie zum Zuge gekommen sind, aber nun ist es an der Zeit sich aufzumachen und etwas Neues zu versuchen.

Jeder Weg beginnt mit dem ersten Schritt
Also - GO !!

Eintrag 2017 in   meinem Tagebuch:
„Ich war denn mal weg. Wieder eine Woche und 160 km näher am Ziel. Jetzt haben wir schon 1350 km geschafft. Camino, wir kommen wieder. "

Die Jakobsmuschel als Erkennungszeichen und Wegweiser.

Warum Pilgern?

Wie kam Ich überhaupt zum Pilgern?

Zwei Freunde unterhielten sich über das Pilgern, und dass sie schon die ein-zwei Tagesetappen auf dem Jakobsweg gewandert sind, der sich mitten durch die Stadt schlängelte, in welcher ich damals wohnte.

In meiner Art, selten die Klappe halten zu können, sagte ich frech: „Da geh ich doch beim nächsten Mal mit!" Zwei Wochen später wurde es ernst, die Freunde nahmen

1

mich beim Wort, und ich musste mir schnell noch Rucksack und gute Schuhe besorgen.

Seitdem sind wir gemeinsam auf dem Weg von Esslingen am Neckar nach Santiago de Compostela. Jedes Jahr, mindestens eine Woche und etliche Kilometer näher Richtung Spanien.

Beim Pilgern bleibt, neben all den Strapazen, genug Zeit für Spaß, Humor und Geselligkeit. Aber auch viel Zeit, um gemeinsam Gedanken auszutauschen und zu philosophieren. Und es gibt die Zeiten, in denen man alleine mit sich selbst geht. Schritt für Schritt.

Dabei kommen und gehen viele Gedanken - Gedanken über den Weg, über das Ziel, über den Sinn, über meine Kraft, über Ressourcen und deren Einteilung, über meine Gruppe und mein Team.

Das Gehen funktioniert hierbei wie eine Meditation. Die Gedanken sortieren sich. Die Prioritäten verändern sich. Vieles relativiert sich. Was heute noch superwichtig erscheint, kann morgen schon weit nach hinten rutschen.

Viele Probleme, Ereignisse und Erfahrungen werden so auf dem Weg wieder und wieder gedanklich durchgekaut. Manchmal entstehen dabei noch mehr offene Fragen als zuvor. Fragen, die aufzeigen, dass wir uns nicht einbilden sollten, das Leben komplett zu verstehen. Aber andere Gedanken sortieren sich plötzlich neu, werden klar, lassen sich logisch durchschauen und teilweise in grundsätzliche Prinzipien clustern.

Auf diese Art sind im Laufe der Jahre in mir so viele Gedanken und Inspirationen aufgelaufen, welche nicht nur mit dem Pilgern zu tun haben - sondern diese Prinzipien lassen sich genauso auch in deinem und meinem privaten oder geschäftlichen Umfeld anwenden.

MERKE:
Träume muss man in Ziele verwandeln,
Wenn nicht,
bleiben es unerfüllte Wünsche.

An diesem Erfahrungsschatz wollte ich alle interessierten teilhaben lassen und entwickelte so meine gesammelten Gedanken rund um das Thema:

Persönlichkeitsentwicklung inspiriert durch das Pilgern.

Nachdem meine Gedanken über diese Prinzipien mehr und mehr Gestalt angenommen hatten und ich aus meinem Umfeld immer wieder ermutigt wurde, es weiter zu konkretisieren, gab es auch immer mehr Interesse an diesen Prinzipien, deshalb nun dieses Büchlein für alle interessierten Menschen da draußen, die noch mehr aus ihrem gottgegebenen Potential machen wollen.

. . .

Weshalb Entwicklung?

Weshalb Persönlichkeitsentwicklung? Warum sollte ich mich denn entwicklen? Bin ich denn nicht gut, so wie ich bin? Bin ich nicht liebenswert, so wie du mich siehst? - Wie siehst du mich eigentlich?

Meistens ist unsere Eigenwahrnehmung weit von der Fremdwahrnehmung entfernt. So kann es sein, dass wir zu groß von uns denken und uns so über Andere empor-heben, oder aber wir denken zu klein von uns und ver-stecken unsere wahre Größe. Wir leben nicht das Poten-tial, das in uns steckt.

In meiner Kindheit hatte ich oft das Gefühl nicht genug geliebt zu werden. Das machte sich dann auch in meinem Verhalten fest. Immer wieder fühlte ich mich zurückgesetzt und benachteiligt.

In der Schule, im Berufsleben in meiner ersten Ehe. Immer wieder bin ich an Grenzen gestoßen und habe, wie so eine Weinbergschnecke, meine Fühler vorsichtig ausgestreckt, um sie dann schnell wieder einzuziehen und mich in meinem Schneckenhaus zu verkriechen.

Aber erstmal gilt insgesamt -

- **JA**, wir sind grundsätzlich gut, so wie wir sind

- wir sind liebenswert, so wie wir sind

- und wir sind geliebt, so wie wir sind

_____

Nun, was bedeutet es dann, wenn ich mich in meiner Persönlichkeit entwickle?

Bin ich dann nicht mehr der, der ich mal war? Wohin sollte ich mich denn entwicklen? Zu was für einer Person? Was ist das Ziel einer solchen Persönlichkeitsentwicklung?

Lass es mich erklären - Jeder von uns hat ein Potential in sich. Und so wie ein kleines Samenkorn das Potential für eine große Pflanze in sich trägt, so trägst Du ein Potential für die beste Version deiner selbst in dir. - Jedoch, wenn der Samen nicht in fruchtbare Erde kommt, mit Wasser und Sonne gedüngt, dann wird sich niemals zeigen, was daraus hätte werden können. Dann bleibt es einfach nur ein kleines Samenkorn.

Denn ein tiefes Ziel deines Wesens ist es, dein volles Potential zu wecken und freizulegen. Sei du die Beste Version deiner selbst!

Wir können nicht erwarten, dass sich etwas in unserem Leben ändert, wenn wir immer im selben Trott bleiben.

MERKE

wer auf dem Wasser gehen will,
muss zuerst mutig aus dem Boot steigen.

Jeder Mensch hat einen Unruhepol in sich, einen inneren Antrieb. Wenn es auch nur der Gedanke ist, dass das, was wir jetzt haben, zwar schon ganz toll ist, aber es ist noch nicht das Ziel.

Auch meine Unzufriedenheit gehört in diesen Bereich, sie sagt mir, dass es an der Zeit ist, etwas zu verändern, quasi der Impuls, zur Persönlichkeitsentwicklung.

Neugierde ist ebenfalls eine tolle Eigenschaft, die mir immer wieder hilft, mich zu neuen Ufern aufzumachen.

Außerdem:

Entwicklung beginnt da, wo der Alltag endet. Die sogenannte Komfortzone, die uns auf dem Sofa festhält, womöglich mit der Chipstüte im Arm und der Flasche Bier auf dem Tisch. Die Komfortzone ist der Feind jeder Entwicklung.

MERKE:
Das eigentliche Leben beginnt
außerhalb Deiner Komfortzone!

Es liegt also an mir, die Gründe meiner Gedanken, Unzufriedenheit und Neugierde zu reflektieren und endlich mein Ziel zu definieren.

Und grüble nicht über den richtigen Zeitpunkt nach. Wenn du so anfängst, dann ist nie der richtige Zeitpunkt - du wirst immer Ausreden finden, weshalb es gerade jetzt nicht passt.

Eigentlich ist es ganz einfach, wie bei der Ansage meiner Freunde, der Impuls, welcher mich zum Mitpilgern aufforderte:

_____

WENN NICHT JETZT - WANN DANN?

Das Ziel

Wozu brauche ich denn ein Ziel - **Der Weg ist das Ziel**. Das höre ich so oft: "Der Weg ist das Ziel" - aber hast du schon mal ernsthaft drüber nachgedacht was das bedeutet? Heißt das dann, dass gar kein Ziel notwendig ist? Ist es nur entscheidend einfach mal unterwegs zu sein? Ist es völlig Wurst, auf welchem Weg ich unterwegs bin? - Oder ist ein Weg ohne ein Ziel letztendlich nicht völlig sinnbefreit?

Beim Pilgern haben wir ein großes Ziel - Santiago. Und von unserem heutigen Standpunkt aus ergibt sich nun automatisch auch die Richtung zu unserem Ziel.

Jetzt können wir das große Ziel über die Richtung anvisieren und in kleine Etappen zerbrechen - Daraus ergeben sich die Zwischenziele - unsere Tagesetappen.

Was bedeutet es nun für mich, zielgerichtet zu sein? Ich behaupte jetzt - wer im Leben ohne Ziel ist, der ist vielleicht auf einem Weg - Aber der nennt sich „Holzweg". Und was es mit dem Holzweg auf sich hat, kannst du im Kapitel über die unterschiedlichen Wege nachlesen.

Wer ohne Ziel geht, findet nie einen guten Weg - er irrt nur ziellos umher und lässt sich vom Wind treiben, so wie ein Blatt vom Baum fällt.

> *„Denn wer vom Ziel nicht weiß,*
> *kann den Weg nicht haben"*
> *(christian morgenstern)*

Erst das Ziel gibt dem Weg seinen Sinn und so ist es auch in meinem Leben. Erst wenn ich meine Entscheidungen vom Ziel her denke und plane, formt sich auch ein sinnvoller Weg, der mich dahin bringt. Und dann kann durchaus auch der Weg das Ziel sein,

zumindest immer ein Teil davon.

Also bitte werde immer konkret!

Um die Ziele zu erreichen, müssen sie also so konkret wie möglich definiert werden. Viele Ziele erreichen wir nicht, weil sie zu schwammig formuliert sind. Willst du deine Wünsche wirklich und ernsthaft in die Realität bringen, dann mach sie so konkret wie möglich.

Wie geht das? Male dir die Ziele aus, so als ob sie heute bereits Realität wären. Verziere sie mit Details, so genau wie möglich.

Und, ganz wichtig, bastel dir zum Beispiel eine Collage mit Bildern deines Ziels, oder schreibe sie auf. Denn alles was du niedergeschrieben oder bildlich gestaltet hast, bleibt dir länger im Bewusstsein. Aufgeschriebene Ziele sind verbindlich, es ist quasi ein Vertrag zwischen dir und deinem ich.

Aufgeschriebene Ziele kannst du dir immer wieder durchlesen und gegebenenfalls ergänzen. Die Collage kannst du an exponierter Stelle platzieren. Dann ist es deine stetige Erinnerung dein großes Ziel nicht aus den Augen zu verlieren.

Denn nur wer sein Ziel kennt,
kann über den Weg entscheiden.

13

Aber Achtung - verwechsle nie deine Träume mit deinen Zielen. Um Träume in Ziele zu verwandeln, braucht es Bewegung, Veränderung und letztlich doch nur drei Buchstaben -

TUN

„Ziele sind Träume mit Beinen"

Am Ziel bleibt manchmal auch ein Gefühl der inneren Leere. Immer dann, wenn wir auf der Erfolgsleiter alle Sprossen erklommen haben, und oben entsetzt feststellen, dass die Leiter an der falschen Wand gelehnt hat. Auf dem Weg zum Ziel haben wir verpasst, offen für alle Möglichkeiten zu sein. Wir haben vielleicht nicht erkannt, dass wir nur vor uns selbst und dem Leben geflüchtet sind.

Und es gibt auch die Anderen, die nicht von dieser Leiter runterkommen, aber trotzdem niemals ein Ziel erreichen. Sie sind immer unterwegs auf ihrer Karriereleiter. Stufe für Stufe, immer auf der Suche, wo und wie es noch weiter nach oben geht. Sie sind niemals am Ziel, stets unruhig und immer auf der Suche nach Bestätigung aber niemals zufrieden mit sich selbst.

„Träume sind keine Ziele, aber sie können welche werden, wenn du vom Träumen ins Tun kommst. Aber ohne die Bewegung bleiben es nur Träume."

„Der Langsamste, der sein Ziel nicht aus den Augen verliert, geht immer noch geschwinder als der, der ziellos umherirrt."

„Ein Ziel ist ein Traum mit einem Termin."

. . .

„Eine Strapaze, die man von der richtigen Seite betrachtet, ist ein Abenteuer." (Gilbert k. Chesterton)

. . .

Die Vorbereitung.

Ich finde ja, das Pilgern beginnt bereits vor der Abreise zuhause - nämlich mit dem Packen des Rucksackes.

Denn wenn wir eins gelernt haben, dann, dass es entscheidend für das Wohlbefinden auf der Pilgerreise ist, was du alles mitnimmst.

Zu Beginn unserer Reise hatte ich noch Zeug dabei, was kein Mensch auf dem Jakobsweg braucht, das hat mir einige Verspannungen und Muskelschmerz beschert. Auch war meine Bekleidung noch nicht so ausgetüftelt und praktikabel. Ausserdem gibt es mittlerweile echt tolle Aktivwäsche die schnell trocknet und so unterwegs einfach mal kurz gewaschen werden kann.

So versuche ich jedes Mal auf einige weitere Dinge zu verzichten und dadurch noch mehr Gewicht einzusparen.

„Denn weniger ist mehr -
und jedes Gramm zählt!"

Was uns so beim Pilgern wichtig und eigentlich auch logisch ist, das sollte für Dich, deine Zielerreichung und deinen persönlichen Erfolg nicht unwichtig sein.

Was meine ich damit?

Wenn wir uns nach vorne konzentrieren, auf neue Ziele zusteuern wollen, dann macht es wenig Sinn sich nach hinten andauernd festzuhalten - oder?

Doch wir tragen unseren Ballast mit uns herum, und halten daran noch fest, obwohl das für uns langfristig sehr ungesund ist. Der Ballast setzt sich zusammen aus unserer Vergangenheit, unseren Erfahrungen, unsere Verletzungen aber auch unsere Schuld. Das ergibt dann einen sehr individuellen Rucksack. Und ganz egal wie alt wir sind, jeder von uns hat so ein Gepäck, das er mit sich herumschleppt.

Bei dem Einen ist es leichter, bei dem Anderen so schwer, dass er unter der Last leidet oder gar zusammenbricht.

Denn als Jäger und Sammler neigen wir Menschen erstmal dazu alles zu sammeln und dann „nachtragend" zu sein. Das Wort sagt es doch schon - wir tragen etwas nach. Überlege doch mal konkret, was trägst du an Ballast mit dir herum, was dir gar nicht gehört?

Zum Beispiel, jemand ist an uns schuldig geworden und wir halten uns an dieser Schuld fest und packen sie in unseren virtuellen Rucksack. Damit wir es irgendwann parat haben, um es im richtigen Moment dieser Person unter die Nase zu halten.

Das Problem ist nur, der Moment kommt nie. Oder wenn doch, dann hat die Person den Vorfall schon längst vergessen, oder ihn damals schon gar nicht als dessen Schuld wahrgenommen.

Da kann sich im Laufe der Zeit so einiges ansammeln und unseren Rucksack so ausstopfen, dass er zu platzen droht. Das ist oft ganz schön schwer und macht auf Dauer ernsthaft krank.

„Überlege bitte mal -
Nimmst du immer deinen ganzen Hausrat mit?"

Ist es nicht jetzt einmal an der Zeit, den Rucksack zu entrümpeln und das ganze alte Zeugs heraus zu holen, nochmals zu betrachten, aber dann auch loszulassen, um danach leichter unterwegs zu sein? Wie befreiend wäre das, wie erleichtert könnten wir unterwegs sein? Mit solch leichtem Gepäck könnte man doch die gesteckten Ziele viel besser erreichen.

Entrümpelung und Vergebung

Man nennt diese Entrümpelung auch Vergebung - ich vergebe den Personen, denen ich noch etwas nachtrage. Doch warum fällt Vergebung so schwer? Oft verstehen wir Vergebung falsch. Wir meinen, sie sei ein Nachgeben oder ein Zeichen der Schwäche. Doch in Wirklichkeit ist Vergebung ein Zeichen der Stärke und der Befreiung.

Natürlich ist das im ersten Moment nochmal ganz schön schmerzhaft. Aber das ist in dem Prozess der Vergebung normal. Ich verdränge den Schmerz nicht, sondern lasse ihn zu. Manchmal kommt nochmals ein Gefühl der Wut auf diese Person hoch, auch das ist normal und sollte nicht verdrängt, sondern angeschaut werden.

Warum macht mich das wütend? Weshalb bin ich immer noch, nach so langer Zeit, voller Gefühle in Bezug auf diesen Vorfall? Was braucht es in mir, um diese Gefühle loszulassen?

In einem gesunden Prozess der Vergebung befreie ich mich von der Bindung an den Anderen. Ich lasse das Geschehene bei ihm. Ich gebe es weg. Unter Christen sagt man, ich lege bildhaft das Geschehene unter das Kreuz und übergebe es somit an Jesus.

Allerdings nehmen viele ihr Packet danach beim Weggehen wieder mit!

Manche werden krank oder auch nicht gesund, weil sie nicht vergeben können. Andere können nicht in Frieden sterben, weil sie immer noch nicht vergeben haben.

Und du – wie willst du deine restlichen Tage leben? In Verbissenheit gegenüber der Welt, nur weil du nicht loslassen kannst? Willst du dir dadurch deine Lebensqualität soweit einschränken lassen und dir selbst die wärmende Sonne rauben, die dein Leben eigentlich lebenswert und schön macht?

Vergebung ist ein therapeutischer Akt. Es tut mir gut. Er befreit mich vom negativen Einfluss derer, die mich verletzt haben. Ich denke nicht mehr über sie nach. Ich lasse ihr verletzendes Verhalten bei ihnen. Sie alleine sind dafür verantwortlich, nicht ich!

Das heißt noch nicht, dass ich dem Andern gleich um den Hals fallen muss. Manchmal muss ich meine Grenze achten und mir eingestehen, dass ich zuviel Nähe noch nicht ertragen kann. Dann ist eine gesunde Distanz durchaus für den Prozess hilfreich. Trotzdem habe oder kann ich der Person vergeben.

. . .

Und das Komische an der Vergebung ist, dass die Person, der die Vergebung am meisten bringt und echt guttut, ich selbst bin.

Anselm Grün beschreibt es wunderbar in seinem Buch "Vergib dir selbst" als eine Kunst, die Wunden in Perlen zu verwandeln – wirklich, ein sehr schöner Gedanke.

. . .

Der Weg ...

Im Kapitel über das Ziel hast du schon gehört, wie wir das beim Pilgern handhaben:

Du hast ein großes Ziel, ein Ziel, das genügend Attraktivität für dich ausstrahlt, damit deine Motivation wächst und auch langfristig bleibt.

Die Verbindung, zwischen dem großen Ziel und deinem heutigen Standpunkt, ergibt nun automatisch die Richtung für dein Tun.

Jetzt kannst du dein persönliches Ziel über die Richtung anvisieren und in kleine Etappen zerbrechen. Das ergibt die sogenannten Zwischenziele, auch Meilensteine genannt - Beim Pilgern heißen sie ganz einfach Tagesetappen.

Anhand dieser Zwischenziele kannst du jetzt deinen Vortschritt messen und immer wieder überprüfen ob du noch auf dem richtigen Kurs bist. Beim Pilgern ist das total wichtig - wir hatten uns einmal in der Abzweigung vertan und waren am Ende etliche Kilometer von unserer Übernachtung entfernt.

Deshalb ist es mega wichtig, dass du stets deine Etappenziele reflektierst und erreichst.

„Gott verspricht eine sichere Landung,
aber keine ruhige Reise."
(aus England)

Es gibt verschiedene Arten von Wegen - das merkst du beim Pilgern relativ schnell. Ist der Weg befestigt, steinig, trocken, matschig, rutschig, steil, schmal, gefährlich - und so weiter.

Diese Unterschiede des Weges lernst du sehr schnell zu lieben oder auch, da wo es möglich ist, zu meiden - je nachdem was dir liegt und wie du tickst. Die volle Achtsamkeit beim Wandern auf den Weg zu richten ist aber niemals verkehrt.

„Ich bin nicht gescheitert -
ich habe nur 10.000 Wege entdeckt,
die nicht funktioniert haben. "
(thomas alva edison)

Diese Gedanken über die verschiedenen Wege können uns aber auch bei der Erreichung unserer „Offroad-Ziele" hilfreich sein. So können wir diese Prinzipien wie folgt übertragen:

Fremde Wege - Sie können dich lehren und voranbringen. So kannst du von den Erfahrungen der Besten lernen. Denn es gibt so viele falsche Wege auf der Welt - die kannst du unmöglich alle selbst ausprobieren - Deshalb schau bei anderen ab und lerne auch aus deren Fehlern, denn von außen sieht man besser - Aber bitte nur so lange, bis du dir eigene Wege zutraust.

Eigene Wege - Das ist der Weg zu deiner eigenen Bestimmung, zu deinem persönlichen und unverwechselbaren Ziel. Den musst du alleine wollen und dann, wenn es soweit ist, auch alleine gehen, denn für eigene Wege musst du aus den Fußstapfen der anderen aussteigen, um so deine eigene Spur zu hinterlassen.

Steile Wege - Je schwieriger der Weg wird, des so bedachter musst du deine Schritte setzen. Denn schlimme Fehltritte können zum Absturz führen. Und ja - auch kleine Schritte führen zum Ziel, solange du dein Etappenziel nicht aus den Augen verlierst! Habe Geduld – auch mit dir selbst.

Leichte Wege - Pass auf, wenn du vermeintlich leichte Wege gehst - sie verleiten dich zur Unaufmerksamkeit. Mir sind selten Fehler unterlaufen, wenn ich voll konzentriert an einer Aufgabe dran war, sondern immer nur dann, wenn ich dachte - das ist ja echt locker und easy.

Notwendige Wege - Es gibt Wege, die machen einfach keinen Spaß. Aber sie sind absolut notwendig zur Zielerreichung. Gewöhne dir an, auch solche Etappen oder Teilstrecken mit derselben Aufmerksamkeit und Sorgfalt zu gehen, wie den Rest der Strecke - Die Belohnung wartet auch hier am Ziel.

Umwege - Dann gibt es da noch die Umwege. Damit meine ich, dass es immer wieder Wege gibt, welche du nicht direkt angehen kannst. Wege, die dir verstellt sind, plötzlich zugebaut mit dem Schild „Hier geht es nicht weiter!"... Dann kannst du entweder resignieren, jammern oder enttäuscht den Kopf einziehen, deine Mission abbrechen - frei nach dem Motto - es sollte wohl nicht sein... Oder du suchst nach einer Alternative, einem Umweg, eine Umleitung, die dich letztendlich trotzdem ans Ziel führt.

Die Holzwege - Wenn du dich auf den Weg machst, deine Ziele zu erreichen, musst du dir sicher sein, dass dein Ziel das Richtige ist! Denn sollte das nicht so sein, dann bist du echt auf dem sogenannten Holzweg.

Die Redewendung „Auf dem Holzweg sein" beschreibt eine nicht zielführende Strategie. Das Wort „Holzweg" steht eigentlich für einen Weg, der in einem Wald angelegt wurde, um dort Holz heraus zu transportieren. Er dient nicht der Verbindung von einem Ort zum andern - Deshalb ist so ein Weg nicht zielführend und man sollte ihn besser korrigieren, verlassen oder in letzter Konsequenz umkehren.

Umkehr ist keine Schande und kein Zeichen von Schwäche, im Gegenteil, derjenige, der umkehrt, zeigt Stärke und Mut. Umkehren zu können ist eigentlich eine sehr wichtige Eigenschaft. Leider wird sie oft aus falschem Stolz und Überheblichkeit nicht ergriffen.

„Zum Ziel, das man sich gesetzt hat,
führen nicht nur glatte Straßen."
(horst rehmann)

Mach Dir doch bitte einmal Gedanken, in welcher Sache du gerade wie unterwegs bist? Also auf welchen Wegen bewegst du dich und wie ist deine Sorgfalt und deine Aufmerksamkeit verteilt. Wo bist du momentan auf Umwegen, schweren Wegen oder gar auf dem Holzweg? Eine kleine Checkliste kann dir hier schnell eine Übersicht verschaffen:

Und solltest du feststellen, dass du mit etwas wirklich auf dem Holzweg bist, dann bitte scheu dich nicht, dies zu korrigieren - Besser spät als nie!

Dein Team ...

„Wenn du schnell gehen willst,
geh allein.
Doch wenn du weit gehen willst,
geh mit anderen."
(afrikanisches sprichwort)

Beim Pilgern gibt es Tage, da willst du nicht mehr. Du bist körperlich über deine Grenzen gegangen und alles schmerzt nur noch. Du spürst Muskeln, wo du niemals welche vermutet hättest. Dann fragst du dich - Was mache ich hier eigentlich? - Weshalb tue ich mir das an? - Und das auch noch freiwillig? Bin ich denn total bekloppt, oder irgendwie im falschen Film?

Das ist mein Kampf gegen den inneren Schweinehund. Ich nenne das dann immer den „Pilgerkoller".

Der kommt bei mir meistens am dritten Tag - da habe ich mit mir selbst das grösste Ringen - das geht von morgens bis wir abends am Tagesziel einlaufen, dann sind die Schmerzen zwar nicht weg, aber ich bin mit mir dann wieder im Reinen - ich habe es geschafft, ich bin der Sieger über mich selbst ...

Und was hat das jetzt mit meinem TEAM zu tun?

Ganz einfach, ohne mein Team würde ich den Tag vielleicht nicht überstehen, würde vielleicht sogar die Tour abbrechen und wieder in mein kuscheliges Zuhause gehen.

Auch im Privat- oder Geschäftsleben hast du nicht jeden Tag dieselbe Motivation - es gibt Tage da läuft's wie geschmiert - aber auch Tage, an denen du zu kämpfen hast. An solchen Tagen ist dein Team hilfreich, wenn nicht sogar „Spiel entscheidend".

Denn:

Wenn du momentan nicht in der Lage bist vorne weg zu gehen und den Weg zu bahnen - übernimmt ein anderer aus dem Team diese Rolle.

Wenn du nicht mehr kannst, weil du denkst, dass deine Kraft nicht reicht, motiviert dich dein Team, es feuert dich an, noch einen Schritt weiter zu gehen - und noch einen - und noch einen ...

Wenn du langsam gehst, weil du an schlechten Tagen das Tempo nicht halten kannst, dann warten sie immer wieder auf dich, du bist ihnen nicht egal.

Wenn dir die Last zu schwer wird, wird dein Team dir etwas abnehmen - es kann Aufgaben übernehmen – aber nur, wenn du los lässt ...

Am Etappenziel angekommen, feiert das Team mit dir ausgiebig diesen Teilsieg - feiere mit und genieße das Gefühl, es geschafft zu haben.

Solche Projektphasen oder Prozesse schweißen dich und dein Team zu einer großartigen Einheit.

Diese Prinzipien funktionieren auch schon in einem Zweierteam, z.B. in deiner Partnerschaft.

Deshalb sage ich:

Die Tagesform ist nicht entscheidend ob du gewinnst, sondern dein Team. Was am Ende des Tages herauskommt, ist meistens eine Gemeinschaftsleistung. Das ist so wie im Sport – ein Fußballspieler kann nie gewinnen, am Ende ist es immer der Verdienst des gesamten Teams.

Und lass auch mal los und gib etwas ab. Dein Team kann oft mehr, wie du ihm zutraust. Klammere dich nicht an althergebrachten Routinen, sondern hinterfrage gemeinsam die Prozesse und verteile Aufgaben auch mal neu. So hat jeder auch die Chance sich zu zeigen.

Außerdem gilt:

Sei sorgfältig bei der Auswahl deines Teams. Denn dein Umfeld färbt auf dich ab. Du kennst sicherlich den Spruch: „Unser Leben ist der Durchschnitt jener fünf Menschen, mit denen wir die meiste Zeit verbringen." Diese These stammt von dem amerikanischen Unternehmer, Redner und Trainer Jim Rohn.

Ob es nun genau fünf sind oder mehr, das ist, glaube ich, nicht so wichtig. Viel spannender finde ich die Frage, für welche Menschen gehöre ICH denn zu denjenigen, die auf SIE abfärben?

Versuche immer so zu sein, dass andere, wenn sie dein Leben betrachten, davon etwas für sich herausziehen können.

Auch Glücksmomente festzuhalten ist wichtig. Erfolge muss man ausgiebig feiern - Sich selbst und andere belohnen und so am Erfolg teilhaben lassen. Das motiviert für die Zukunft.

Wenn du solche Tage überwunden hast, dann schaffst du auch ganz andere Dinge.

. . .

Und letztendlich gilt, glaube an Dich und glaube an deine Berufung. Dein Gegenüber merkt sofort, ob du für eine Sache brennst und Leidenschaft entwickelst - das ist ansteckend - setz dein Team in Flammen!

Und noch etwas:

Und sei ehrlich zu dir selbst und zu deinem Team:

Zuerst musst du ehrlich zu dir selber werden. Nur wenn du dich selbst ehrlich reflektierst, weißt du um deine Stärken und deine Schwächen. Und nur dann, wenn du auch deine Schwächen und Grenzen kennst und dazu stehst, kannst du optimal dein Team führen. Du verlangst dann keine unmöglichen Sachen mehr.

. . .

Sei ehrlich vor deinem Team - integriere alle Teammitglieder in deine Welt. Teile dich vernünftig mit, auch wenns mal nicht so toll läuft, oder gerade dann. Denn wenn dein Team nicht annähernd weiß, was in dir vorgeht und wie es um dich steht, wird dein Verhalten schnell fehlinterpretiert > „der Chef spinnt mal wieder...".

Also teile dich dem Team mit, sage was dich gerade beschäftigt, wo der Druck schmerzt, welche Erwartungen an dich gestellt wurden. Gib deinem Team die Chance Verständnis aufzubauen.

Baue parallel eine offene und wertschätzende Fehlerkultur auf. Ein Chef, der selbst auch mal Fehler eingestehen kann, verliert nicht - nein, er gewinnt an Ansehen in seinem Team. In solch einem Team, in dem der Leiter zu seinen Fehlern steht, und gleichzeitig keinem seiner Teammitglieder bei einem Fehler den Kopf abreißt, können Menschen sich versuchen, wachsen und so ihr Potential wunderbar entfalten.

In einer gesunden Teamkultur werden ungeahnte Kreativität, Dynamik und Kräfte frei - und so ein Team kann dich voller Power, wie auf Adlerflügeln, bis in das Ziel tragen.

„Entweder Gott macht unsere Last leichter,
oder er stärkt uns den Rücken."
(unbekannt)

Genieße deinen Platz...

Wenn wir zu Fuß unterwegs sind, nehmen wir die Kleinigkeiten links und rechts des Weges ganz anders wahr, als wenn wir mit dem Auto oder Zug reisen. Beim Pilgern genießen wir diese Langsamkeit, teilweise zelebrieren wir diese Art der Wahrnehmung mit all unseren Sinnen.

Deshalb sage ich, genieße den Platz, an dem du dich gerade befindest. Werde dankbar für all die Kleinigkeiten die der Weg dir schenkt. Atme bewusst und nehme den Duft in dich auf. Spüre den Wind und das Wetter. Genieße selbst den Regen und die Kälte. Schmecke und rieche bewusst dein Essen und Trinken. Spüre wie es sich anfühlt. All das ist in der Summe Gottes Geschenk für dein Leben.

Auch in deinem und meinem Alltag sollten wir versuchen diesen Lebensstil der Aufmerksamkeit ein Stück weit zu etablieren.

Natürlich gelingt das nicht in jeder Minute unseres täglichen Trubels. Aber versuche doch immer wieder auch die kleinen Momente des Alltages einzufangen und bewusst wahrzunehmen. Wenigstens einmal am Tag so eine kleine Insel der Bewusstmachung, Fokussierung, Rückbesinnung und der Dankbarkeit einzubauen.

Rituale helfen

Wir haben uns mit den Kindern ein Ritual angewöhnt, immer am Abend vor dem gemeinsamen Gebet, sagen wir, für was wir heute dankbar sind. Zwei-drei Dinge, Begegnungen, Momente, um nochmal schöne Bilder im Kopf zu erzeugen und unseren Blick bewusst darauf zu lenken.

Vielleicht kannst auch du ein Ritual in deinen Alltag einbauen – zum Beispiel, immer wenn du eine Tasse Kaffee holst, oder jedesmal, wenn du an einer roten Ampel stehst, oder wenn du im Supermarkt in der Schlange stehst, oder auf der Autobahn im Stau, oder, oder, oder...

Und mit der Zeit wirst du sehen, dass du bei jeder roten Ampel sofort in diese Dankbarkeit und Fokussierung kommst – wäre das nicht genial?

Sicher du fragst dich nun, was hilft mir das denn bei meiner Zielerreichung? Ich will versuchen es dir zu erklären:

Immer dann, wenn du für all die Kleinigkeiten am Wegrand dankbar bist, deinen Fokus, wenn auch nur für kurze Zeit, auf das lenkst, was du schon erreicht hast. Auf die Wegstrecke, die bereits erfolgreich hinter dir liegt, immer dann, kannst du neue Kraft schöpfen für die Strecke und die Herausforderungen, welche noch vor dir liegen.

Auch schenkt dir solch eine Dankbarkeit und Aufmerksamkeit auf die kleinen Dinge und vermeintliche Alltäglichkeiten ein erfülltes Leben ohne Neid und Missgunst. So schaffst du dir innere Freiheit und wirst nicht von falschen Zielen getrieben.

Du bist heute schon reich beschenkt,
es kommt immer nur auf den Blickwinkel an.

Etabliere Rituale der Dankbarkeit für das Kleine und schöpfe daraus immer wieder neue Kraft. Das ist meine Art von Meditation mit offenen Augen und wachen Sinnen im Hier und Jetzt.

. . .

Der kleine Teufel...

Jeder von uns hat ihn - den kleinen Teufel, der auf der Schulter sitzt und dir immer wieder negative Dinge ins Ohr flüstert, zum Beispiel:

„Das schaffst du nicht!"

„Du bist doch gar nicht genügend qualifiziert!"

„Da sind schon viel Bessere gescheitert!"

„Du kannst das nicht!"

Aber du hast auch auf der anderen Schulter den kleinen Engel - der flüstert dir positive Dinge ins Ohr, wie:

„Du schaffst das!"

„Da hast du doch schon ganz andere Dinge gemeistert!"

„Es ist noch kein Meister vom Himmel gefallen! – Nicht mal Jesus – der kam auch ganz normal zur Welt..."

. . .

Wem von beiden glaubst du?

. . .

Lässt du dich davon runterziehen, oder motivieren? Schaust du zurück, was siehst du? Nur die Schwierigkeiten, oder auch die Glücksmomente und Erfolge?

Was überwiegt bei dir?

Beim Pilgern hast du auch Zeiten, da gehst du alleine mit dir und dem Weg - Deine Teamkollegen gehen vor dir, oder hinter dir - du gehst manchmal stundenlang alleine - und dann kommen auch solche Gedanken:

- Ich arbeite in einem Fachgebiet, das ich nicht studiert habe.

- Ich mache Dinge, die ich noch nie zuvor gemacht habe.

- Auch ich mache Fehler, obwohl ich stets 150% will.

MINDERWERT & GLAUBENSSÄTZE

Ein Gefühl von Minderwert macht sich im Kopf breit. Ich bin nicht gut genug, ich kann nicht die Qualität bringen, die auf der Position verlangt wird, meine Ausbildung entspricht nicht dem Ideal für diese Position und schon gar nicht dem Level meiner Kollegen.

Dann spielen noch negative Glaubenssätze mit deinen Gedanken Karussell - Sätze, die du vielleicht in der Kindheit oder in der Schule, Ausbildung oder sonst wo gehört hast, und die dich nicht mehr loslassen. Scheinbar eingraviert für die Ewigkeit. Sätze wie zum Beispiel:

„Wer nichts leistet ist nix wert."

„Eigenlob stinkt."

„Im Leben braucht man Ellenbogen."

Und so weiter ...

Was sind Deine negativen Glaubenssätze?

Du kannst nur dann dein Potential richtig ausschöpfen, wenn du diese negativen Glaubenssätze veränderst und diesen kleinen Teufel im Ohr überwindest, der dir immer wieder einreden will - "du schaffst das nicht."

**Glaube ihm kein Wort,
denn er hat nur eine Aufgabe
- er will dich klein halten -**

Du kannst nur auf deinen „**Best-Level**" kommen, wenn du lernst, mit diesem Teufel umzugehen. Die Angst, die er verbreiten will zu durchbrechen. Ihm immer wieder die positiven Argumente deines Engels vorzuhalten - so lange bis er die Klappe hält!

„Der Glaube versetzt Berge."

(nachzulesen in der Bibel - Matthäus 21,18-22)

Der feste Glaube, der nicht zweifelt, kann Berge versetzen, so steht es schon in der Bibel und wenn du deinen Fokus auf diesen festen Glauben gründest, daraus quasi dein Fundament für dein Leben baust, wer oder was soll dich dann noch umwerfen?

Dein Fokus entscheidet...

Achte darauf, wohin du deinen Fokus richtest, denn das, worauf du fokussiert bist, das wird immer mächtiger und stärker.

Also - wem glaubst du, auf wen schaust du und wen fokussierst du? Hast du dein Ziel vor Augen, oder immer die Möglichkeit, dass etwas schief gehen kann?

In einer alten Indianergeschichte wird erzählt, dass in unseren Herzen ein Kampf zwischen zwei Wölfen tobt.

Der eine Wolf ist böse - Seine Waffen sind Angst, Ärger, Neid, Eifersucht, Sorgen, Gier, Arroganz, Selbstmitleid, Lügen, Überheblichkeit, Egoismus und Missgunst.

Der andere Wolf ist gut - Seine Waffen sind die guten Dinge, wie z.B. Liebe, Freude, Frieden, Hoffnung, Gelassenheit, Güte, Mitgefühl, Großzügigkeit, Dankbarkeit, Vertrauen und Wahrheit.

Nun stell dir dein Herz vor und die beiden Wölfe darin - Willst du wissen, welcher der beiden Wölfe den Kampf gewinnt? - Die Antwort ist einfach:

Es gewinnt immer der Wolf,
den du fütterst.

———

- ACHTE AUF DEINEN FOKUS -

Denn letztendlich verändert Dein Fokus deine Gedanken, deine Einstellung, zu vielen Dingen, dein Handeln und irgendwann auch dein Herz und somit dein Leben.

Negativer Fokus sieht immer nur die schlechten Dinge, und die Möglichkeit, dass etwas schief gehen könnte. Es klammert sich an negativen Erfahrungen und verändert dein Handeln ins passive und negative und macht so am Ende dein Herz kalt.

Positiver Fokus sieht die guten Dinge im Umfeld, lässt dich positiv entwickeln, hat immer Hoffnung, sieht die Chancen, welche dir das Leben bringt und schenkt dir letztlich ein dankbares, liebendes und offenes Herz..

Ein liebevoller Blickwinkel kann dein Leben nachhaltig verändern! Denn die Liebe in all ihren Variationen verändert alles...

„Liebe ist geduldig und freundlich. Sie ist nicht verbissen, sie prahlt nicht und schaut nicht auf andere herab. Liebe verletzt nicht den Anstand und sucht nicht den eigenen Vorteil, sie lässt sich nicht reizen und ist nicht nachtragend. Sie freut sich nicht am Unrecht, sondern freut sich, wenn die Wahrheit siegt. Liebe nimmt alles auf sich, sie verliert nie den Glauben oder die Hoffnung und hält durch bis zum Ende."

(Die Bibel — 1.Korinther 13,4_7)

Mut zum Perspektivwechsel

Wenn wir auf Jakobs Spuren unterwegs sind, dann ist es schon bemerkenswert, wie unterschiedlich wir die Dinge sehen. Denn, immer wenn wir uns nach einer Tour die Fotos gegenseitig zeigen, dann fällt es schon krass auf. Sehr oft dasselbe Motiv, doch sehr unterschiedlich und individuell betrachtet und abgelichtet.

Jeder von uns hat so seine besondere Art, die Dinge zu sehen. Jeder durch seine individuelle Brille.

Beim Fotografieren ist es eigentlich jedem klar, dass der Blickwinkel letztendlich die Perspektive vor gibt. Das heißt - wenn ich von rechts auf etwas schaue, kann ich es nicht von links fotografieren, zumindest nicht, ohne vorher meine Position zu ändern...

Nur in unserem täglichen Tun machen wir es uns oft so schwer Positionen zu ändern, um neue Blickwinkel und Perspektiven zuzulassen – aber warum denn nur?

Erweitere Deinen Horizont

Dabei könnte uns doch so ein Wechsel der Perspektive den Horizont für völlig neue Erkenntnisse öffnen und unser Denken transformieren. Bei unseren Fotos ist es klar, man kann eine Sache auf sehr unterschiedliche Weise sehen und das, obwohl eigentlich alle das Selbe betrachten.

In unserer Zielerreichung stehen wir manchmal vor einem scheinbar unüberwindbaren Problem. Eine große Herausforderung, die wir auf den ersten Blick nicht in seiner Ganzheit aufnehmen und deshalb nicht überwinden können.

Aber lass mich dazu noch eine Geschichte erzählen:

Vor einigen Jahren standen mein Team und ich vor einem technischen Problem und wir hatten keine brauchbare Lösung parat. Wir diskutierten und versuchten alles Mögliche, aber nichts schien zu funktionieren oder zu passen.

Das ging bis zu dem Moment, als jemand aus einer ganz anderen Abteilung, also jemand, der absolut keine Ahnung von der Materie hatte, vorbeikam und uns nach kurzem daraufschauen fragte: ja warum macht ihr das nicht so und so?

Das Schlimmste daran war, er hatte die Lösung gefunden und wir "Experten" hatten versagt. Wir waren gefangen in unserem Denken und blind für neue Perspektiven!

Oft stehen wir vor unlösbaren Problemen. Wir müssen viele Entscheidungen treffen, ohne immer die optimale Lösung zu kennen. Oft fehlen uns noch wichtige Informationen, welche eine Entscheidung beeinflussen.

Wir betrachten die Dinge dann oft nur einseitig und entscheiden aus unserer vermeintlichen Erfahrung, die vielleicht aber ein falsches Denkmuster beinhaltet.

„Wir glauben nur was wir sehen,

doch sehen wir nur das, was wir glauben. "

Ja, das ist so - Du siehst die Dinge so, wie du es gelernt hast sie zu sehen. Wir alle haben ein Weltbild abgespeichert, das uns sagt, wie die Dinge zu sein haben und wie nicht.

Was aber nicht heißt, dass diese Dinge wirklich so sind, sondern es sagt lediglich aus, dass wir es gelernt haben sie so zu sehen.

Und manchmal hast du eine negative Sichtweise gelernt und gleichst nun die momentane Realität danach ab - das heißt - du vermischt die gelernte Sichtweise mit dem jetzigen Problem - konkret bremst du dich dadurch selber aus mit dem was du im Kopf gespeichert hast.

Die Adlerperspektive

Wenn wir beim Pilgern in einer vermeintlichen Sackgasse stecken, den Weg nicht weiter finden, oder der Weg plötzlich mitten im Wald einfach aufhört, dann hilft es oft, einen Blick in die Karte zu werfen, um Klarheit in die Sache zu bringen.

In der „normalen" Welt kann das auch helfen. Denn was machen wir beim Karten studieren? Nichts anderes als dass wir herauszoomen – wir nehmen eine Adlerperspektive ein. Das kann uns bei der Problembewältigung im Alltag auch helfen.

Oft stehen wir einfach viel zu dicht vor dem Problem. Wir können die Lösung gar nicht erkennen, weil wir zu nah dran sind. Aber wenn du mehr Abstand nimmst, dann wird vieles wieder klarer.

Lass doch die Arbeit einfach mal ruhen, mach etwas komplett anderes. Nimm dich heraus und geh in eine andere Umgebung, vielleicht in das Kaffee um die Ecke, oder bei schönem Wetter im Park spazieren. Manchmal reicht es sogar schon aus, nebenan in die Küche zu gehen, um dort einen Kaffe oder Tee zu holen.

Durch den Wechsel der Umgebung geben wir neue Impulse in unser Gehirn, dann können unsere Gedanken sich neu sortieren und unser Blick sich wieder neu auf das Wesentliche schärfen.

„Um klar zu sehen,
reicht oft ein Wechsel der Blickrichtung"
(antoine de saint-exupery)

. . .

„Differenzierte Wahrnehmung eines Ereignisses heißt, dass
dem einen nicht mehr aus dem Kopf geht, was dem anderen
unter die Haut und wieder einem anderen auf den Geist
geht."
(thom renzie)

. . .

„Und denke stets daran, ein Lächeln ist eine geschwungene
Linie, die vieles gerade rückt"
(unbekannt)

Das große Ziel...

Es gibt viele Ziele im Leben. Aber ein Ziel haben wir alle gemeinsam: „Der Tod". Ich weiß, ein unangenehmes Thema – Aber das Leben ist endlich - Irgendwann müssen wir alle einmal sterben.

Glaube mir, auch in Deutschland haben wir immer noch eine Sterberate von mindestens 100 % ...

Der Tod ist ein großes Tabuthema in unserer Gesellschaft. Aber der Tod ist leider das einzige Ziel, das wir auch ohne jegliche Anstrengung und zutun erreichen. Ein unvermeidbares Ziel, auf das wir alle zusteuern.

Und ob du es hören willst oder nicht, es blüht uns allen, dir genauso wie mir.

Deshalb ist doch gewiss einmal die Frage erlaubt - was kommt dann? Geht es weiter, oder einfach nur Schluss - Ende - Aus? Das Licht geht aus, alles wird dunkel und schwarz? Wie gehst du mit dem Gedanken um? Oder anders gefragt, gehst du überhaupt mit dem Gedanken um, dass du irgendwann einmal in diesem Leben sterben wirst?

Die meisten Menschen sind Weltmeister im Verdrängen - sie verdrängen einfach diese Tatsache, und leben so, als ob ihr Leben hier niemals enden würde.

Und eigentlich will der Mensch ja nicht sterben. Eine Strategie der Menschen war es schon immer, die Dinge möglichst in den Griff zu bekommen, selbst die Herrschaft über die Dinge zu übernehmen.

Denn: „Wenn wir erst mal herausgefunden haben, wie das mit dem Tod funktioniert, dann können wir bestimmt was daran drehen. Und wenn nicht, dann wird das Problem einfach verdrängt oder ignoriert." Hier spricht die pure Angst, die Angst vor dem Unbekannten. Der Tod ist seit Menschen Gedenken etwas Rätselhaftes und macht dem Menschen Angst.

Aber egal wie Du darüber denkst oder ob du es so gut wie möglich verdrängst, ob du dich fürchtest oder Hoffnung auf ein Leben nach dem Tod hast, nichts auf dieser Welt ist sicherer als der Tod - es ist nur eine Frage der Zeit.

Ich habe dazu noch vier Fragen an dich:

- Weißt Du, wie viele Tage dir noch bleiben?

- Denkst Du, dass es nach diesem Leben irgendwo weitergeht?

- Oder wo denkst du, wirst Du nach dem Tod sein?

- Was glaubst du, wird passieren, wenn du stirbst?

Manchmal ist es sinnvoll sich mit einem Thema zu beschäftigen solange man noch Zeit dazu hat.

„Auf der Suche nach dem tiefsten Sinn unseres Daseins, tun wir gut daran auf den zu hören, der gewusst hat, dass wir danach fragen werden."
(joni eareckson-tada)

Ich möchte dir jetzt keine Angst machen, sondern Hoffnung auf ein Danach mit dem Blick auf eine biblische Zusage Gottes – Lass es mich erklären ...

Wo gehen wir denn hin?

- Immer nach Hause.

(Novalis)

Gibt es ein Leben nach dem Tod?

Was kommt danach? Ewiges Leben im Himmel? Ewige Verdammnis in der Hölle? Glaubst du das? Nun, niemand kennt die Wahrheit. Und da ich, so wie du hoffentlich auch, noch am Leben bin, kann auch ich nicht exakt wissen, wie so ein Leben nach dem Tod aussehen sein wird.

Über was ich mir aber sicher bin, das ist mein Glaube. Denn ich glaube an einen Gott, der alles fest in seiner Hand hält und allen, die tief und aufrichtig an Jesus Christus glauben, ein ewiges Leben nach dem Tod zusagt.

„Gott spricht jeden von seiner Schuld frei und nimmt jeden an, der an Jesus Christus glaubt. Nur diese Gerechtigkeit lässt Gott gelten. Denn darin sind die Menschen gleich: Alle sind schuldig geworden und spiegeln nicht mehr die Herrlichkeit wider, die Gott dem Menschen ursprünglich verliehen hatte."
(Bibel - Römer 3,21-31)

Darauf vertraue ich in letzter Konsequenz.

Was meine ich damit?

Der gottgegebene ursprüngliche Sinn des Lebens ist es, in einer Gemeinschaft mit Gott zu leben (biblisch „Paradies"). Doch Gott schenkte uns Menschen einen eigenen Willen um selbst Entscheidungen zu treffen. Und der Mensch meinte schon zu Beginn, so gescheit zu sein, um sein Leben ohne Gott meistern zu können. Deshalb nahmen Adam und Eva Gottes Warnung nicht ernst und aßen vom Baum der Erkenntnis. Das Unheil nahm seinen Lauf.

Der Mensch lehnt sich seitdem immer wieder gegen Gott auf, oder ist ihm gegenüber gleichgültig. Er macht sich mit seinem Stolz selbst zum Gott und schließt sich selbst von der Gemeinschaft mit Gott aus. Diese Haltung nennt die Bibel Sünde.

Sie führt seitdem zu vielen zerstörten Beziehungen. Viele Konflikte haben meist ihre Wurzel in dieser zerstörten Beziehung zu Gott. Seit dem sogenannten „Sündenfall" im Paradies, steht diese Auflehnung zwischen uns und Gott. Sie trennt uns von Gott.

Wenn ich aber an diesen Gott glaube, und das tue ich, dann glaube ich auch, dass er heilig ist. Er ist so heilig, dass nichts Unheiliges seine Anwesenheit aushält.

Und was ist nun „unheilig"? - Unheilig ist alles, was uns von Gott trennt, all das - „Ich schaffe es auch ohne Gott". Das nennt die Bibel „Sünde".

Und Fakt ist auch – Verletzungen sind Bestandteil unseres Lebens. Wir verletzen andere oder werden von ihnen verletzt. Mal sind wir Täter, mal Opfer. Wir kommen nicht durchs Leben, ohne dass wir an anderen schuldig werden, und ohne dass andere an uns schuldig werden. Mal kränken uns üble Nachrede, Verleumdung, Kritik vom Chef oder von Kollegen. Mal ein handfester Streit, Neid und Eifersucht, Vorwürfe und Anschuldigungen, negative Bemerkungen - Wir könnten die Liste endlos fortführen.

Das heißt, konkret hat jeder von Gott aus gesehen, im Laufe seines Lebens, Schuld auf sich genommen. Denn niemand kommt ohne Schuld durchs Leben. Sei es eine Lüge, etwas geklaut zu haben, gemeine Gedanken, Lästern, Menschen verunglimpfen, Fremdgehen, saublöde Witze reißen, und so weiter - und so weiter. All das trennt uns von Gott.

Jetzt gibt es natürlich viele die sagen werden: „Ach was, das bisschen kann doch nicht so schlimm gewesen sein. Das Eine mal, was ist das denn schon? – Also da muss man doch auch mal ein Auge zudrücken." – oder?

Dann frag ich Dich jetzt:

Ab wann ist ein Mörder ein Mörder?

Ab dem dritten oder vierten Mord,

oder ab dem Ersten?

Ab wann ist ein Dieb ein Dieb?

Ab dem fünften Bankraub oder ab dem Ersten?

Ab wann ist ein Lügner ein Lügner?

Ab der 10-ten Lüge, oder ab der Ersten?

Also erzähl mir bitte nicht, dass deine Schuld nicht so schlimm ist als die Meine...

„Schulden kann man mit Geld zurückzahlen,
Schuld nicht."
(Harald Schmid)

Und Jetzt stell dir mal vor...

Also nur rein theoretisch - einfach mal so,

... was wäre wenn ...

Was machst Du dann, wenn du stirbst und feststellen musst, dass es den Himmel in echt gibt?

Was, wenn wir eines Tages miteinander vor Gott stehen, an den du vielleicht nie geglaubt hast?

Was machst du dann, wenn es Gott wirklich gibt und die Bibel Recht hatte?

Würdest du es vielleicht bereuen, dich nicht schon zu Lebzeiten mit dem Thema beschäftigt zu haben?

Was sagst du, wenn Gott dich danach fragt?

Ich würde mich freuen, wenn du deine Gedanken zu dem Thema mit mir teilen würdest. Bitte schreib mir doch unter *dieter@creaktiv-werkstatt.de* deine Meinung zum Thema „Sterben und Tod". Wie denkst du über das was danach kommt - oder nicht kommt?

An was glaubst du?

Und wenn du nun sagst, du glaubst an gar nichts...

Merke :
Auch an nichts zu glauben ist ein Glaube

Gerne kannst du mich auch auf meinem Blog besuchen: *www.creaktiv-werkstatt.de*

Ich freue mich – bis bald...

Gestatte mir jetzt am Schluss
noch eine Bitte:

Zuerst einmal vielen Dank, dass du das Buch bis hierher gelesen hast. Ich hoffe, dass es dich in deinem Denken inspiriert hat und du es nicht bereust, dafür deine wertvolle Zeit und Geld geopfert zu haben. Jetzt aber noch eine für mich echt wichtige Bitte an Dich - Wenn dir das Buch wirklich gefallen hat, dann gib mir doch bitte eine positive Buchbewertung. Das wäre für mich unglaublich wertvoll und sehr motivierend... Tausend Dank :)

Der Autor

Dieter Schneider, geb. 1961, ist glücklich verheiratet und hat 4 Kinder. Mit seiner Familie lebt er in der Nähe des Bodensees, direkt an der Grenze zur Schweiz.

Er arbeitet in einer größeren Unternehmensgruppe mit über 1000 Mitarbeitern in der Schweiz. Dort ist er Leiter Personal, außerdem verantwortlich für die Unternehmens- und Personalentwicklung innerhalb dieser Firmengruppe.

Er ist Initiator eines betrieblichen Programmes zur Entwicklung und Förderung von Nachwuchs Führungskräften. Außerdem ist er Gründer der Internetplattform *„Creaktiv-Werkstatt"*. Und Produzent des *„gute Gedanken Podcast"*.

Am liebsten schreibt Dieter Schneider über Themen zur persönlichen Weiterbildung und Horizonterweiterung. Aber auch über die Positionierung persönlicher Blickwinkel und zwischenmenschliche Beziehungen und deren Abhängigkeit. Aber auch Abläufe in der Zusammenarbeit von Menschen und Teambildung liegen ihm am Herzen. Seine Texte sind hilfreich im privaten wie im geschäftlichen Kontext.

Weshalb schreibe ich?

Kennst du die Geschichte vom Seestern?

Ein alter Mann geht bei Sonnenuntergang den Strand entlang. Er beobachtet vor sich einen jungen Mann, der Seesterne aufhebt und ins Meer wirft. Er holt ihn schließlich ein und fragt ihn, warum er das denn tue. Der junge Mann antwortet, dass die gestrandeten Seesterne sterben, wenn sie bis Sonnenaufgang hier liegen bleiben. „Aber der Strand ist kilometerlang und tausende Seesterne liegen hier. Was macht es also für einen Unterschied, wenn Du Dich abmühst?", sagt der alte Mann. Der junge Mann blickt auf den Seestern in seiner Hand und wirft ihn in die rettenden Wellen. Er schaut den alten Mann an und sagt: „Für diesen einen hier macht es einen Unterschied."
(william ashburne)

Also - wenn es von hundert Lesern für einen einzigen den Unterschied macht, dass er in meinem Büchlein etwas findet, was ihn weiterbringt, was ihm hilft, seinen Blickwinkel neu zu schärfen und seinen Standpunkt zu optimieren, oder erst einmal auch nur ins Nachdenken und Umdenken bringt, dann hat sich meine Mühe schon gelohnt. Denn für ihn macht es den Unterschied - und das reicht mir!

Ich bin Christ, und fest davon überzeugt, dass es von Gott so gewollt ist, dass wir das Gute weitergeben und nicht alles für uns behalten. Ich wurde von meinem Gott so reich beschenkt, dass es mir nun ein großes Bedürfnis ist, etwas davon weiter zu geben.

Scheue Dich also nicht und frage mich an, denn nur wer fragt erhält auch Antworten

MACH DAS BESTE AUS DEINEM POTENTIAL...
Vielen Dank und schön, dass es Dich gibt.

Weitere   Infos   findest   du   auf   meinem   Blog:

http://www.creaktiv-werkstatt.de

Für deine Anfragen per Mail:

dieter@creaktiv-werkstatt.de

Fotos im Buch © by Dieter Schneider

BoD Verlag – print on demand

Aachweg 23 / 78239 Rielasingen-Worblingen